erial.

EDU COMELLES

EXPOSICIÓN
IAACC PABLO SERRANO

Jorge Azcón
PRESIDENTE DEL GOBIERNO DE ARAGÓN

Tomasa Hernández Martín
CONSEJERA DE EDUCACIÓN, CULTURA Y DEPORTE

Pedro Olloqui
DIRECTOR GENERAL DE CULTURA

Fernando Sarría
JEFE DE SERVICIO DE ARCHIVOS, MUSEOS Y BIBLIOTECAS

Susana Spadoni Márquez
DIRECTORA HONORÍFICA DEL IAACC PABLO SERRANO

Julio Ramón Sanz
DIRECTOR DEL IAACC PABLO SERRANO

Gobierno de Aragón
PRODUCCIÓN

IAACC Pablo Serrano
ORGANIZACIÓN Y COORDINACIÓN

The Modern Cultural
PATROCINIO CULTURAL

Línea Diseño
DISEÑO GRÁFICO Y EXPOSITIVO

Arabrok
SEGURO

Edu Comelles
ARTISTA

Edu Comelles
FOTOGRAFÍAS

CATÁLOGO

Gobierno de Aragón
EDICIÓN

IAACC Pablo Serrano
COORDINACIÓN

Edu Comelles
ARTISTA

Edu Comelles
FOTOGRAFÍAS

Gema Rupérez
TEXTO INVITADO

Línea Diseño
DISEÑO Y MAQUETACIÓN

More Than Disc Factory
EDICIÓN DISCOGRÁFICA

Javier Roldón. Vacuum Mastering
MASTERIZACIÓN

Calidad Gráfica
IMPRESIÓN

Pressplay
PRENSADO VINILO

ISBN: 978-84-8380-506-0
DEPÓSITO LEGAL Z 2049-2024
Diciembre 2024

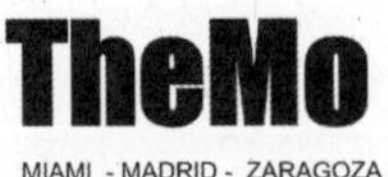

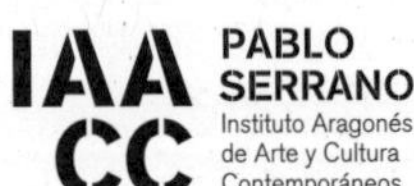

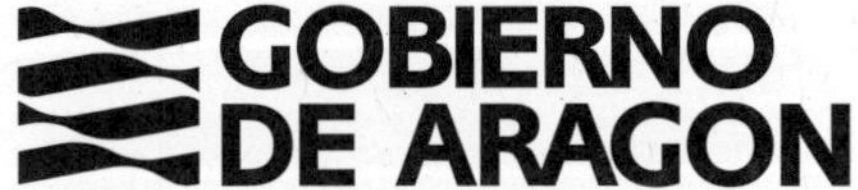

erial.

EDU COMELLES

erial.

Un erial es una extensión de tierra no cultivada o labrada. La expresión, desde una perspectiva antropocéntrica, denota connotaciones vinculadas al abandono o el desuso. Sin embargo, un erial no es un lugar inerte y vacío, al contrario, son muchos los materiales que lo forman y complejos los ecosistemas que lo pueblan. Un erial es un paisaje mediado por el hombre, un paisaje afectado por nuestra acción en el mundo, donde lo natural permea invisible hasta que lo escuchamos.

Erial es una instalación sonora multifocal formada por ocho elementos escultóricos diseñados para la escucha. Seis de ellos, son estructuras que esconden altavoces a baja altura y actúan como mobiliario para una escucha más cómoda y estática. Los dos últimos elementos, a modo de estandartes, sostienen también altavoces y se adaptan a la arquitectura del espacio expositivo, elevando el sonido.

El conjunto modular de altavoces de dimensiones variables forma un paisaje sonoro creado a partir de sonidos y grabaciones de campo vinculadas a distintos espacios geográficos de las provincias de Teruel y Zaragoza. Se han realizado grabaciones de campo en paisajes naturales, eriales, paisajes inertes, parques y plantas de producción de energías renovables y distintos contextos geográficos en Sarrión, Mosqueruela, Alfambra, Sierra Palomera, Guadalaviar, Calamocha, Monforte de Moyuela, Rudilla, Herrera de Navarros y, finalmente, Aguilón, Muel y Gallur.

A nivel sonoro, la obra es generativa y está en constante cambio y transformación, ello implica que cada vez que nos adentremos en ella, ésta responderá de formas distintas. Nunca repitiendo un patrón predeterminado autogenerándose a cada momento.

Tomando como punto de partida el erial cómo espacio simbólico, esta obra presenta un paisaje sonoro multicanal creado a partir de infinidad de registros sonoros en distintos paisajes en convivencia con la intervención tecnológica, el erial y el abandono de los usos tradicionales de lo rural.

El conjunto es una metáfora, física, sonora y musical de la forma en cómo des-habitamos y transformamos yermos, estepas y dehesas y cómo estos paisajes extensivos definen una cultura y sus formas de hacer a veces alejadas de tan singulares paisajes dominados por rectilíneos horizontes y suaves curvas.

Erial es una interrogación sobre el paisaje, sobre el impacto de nuestra acción en él y la forma en como a pesar de las circunstancias percibimos lo bello en él. *Erial* quiere proponer una forma de contemplar estos paisajes heridos desde un lugar otro, desde una escucha atenta y crítica; y una mirada anhelante.

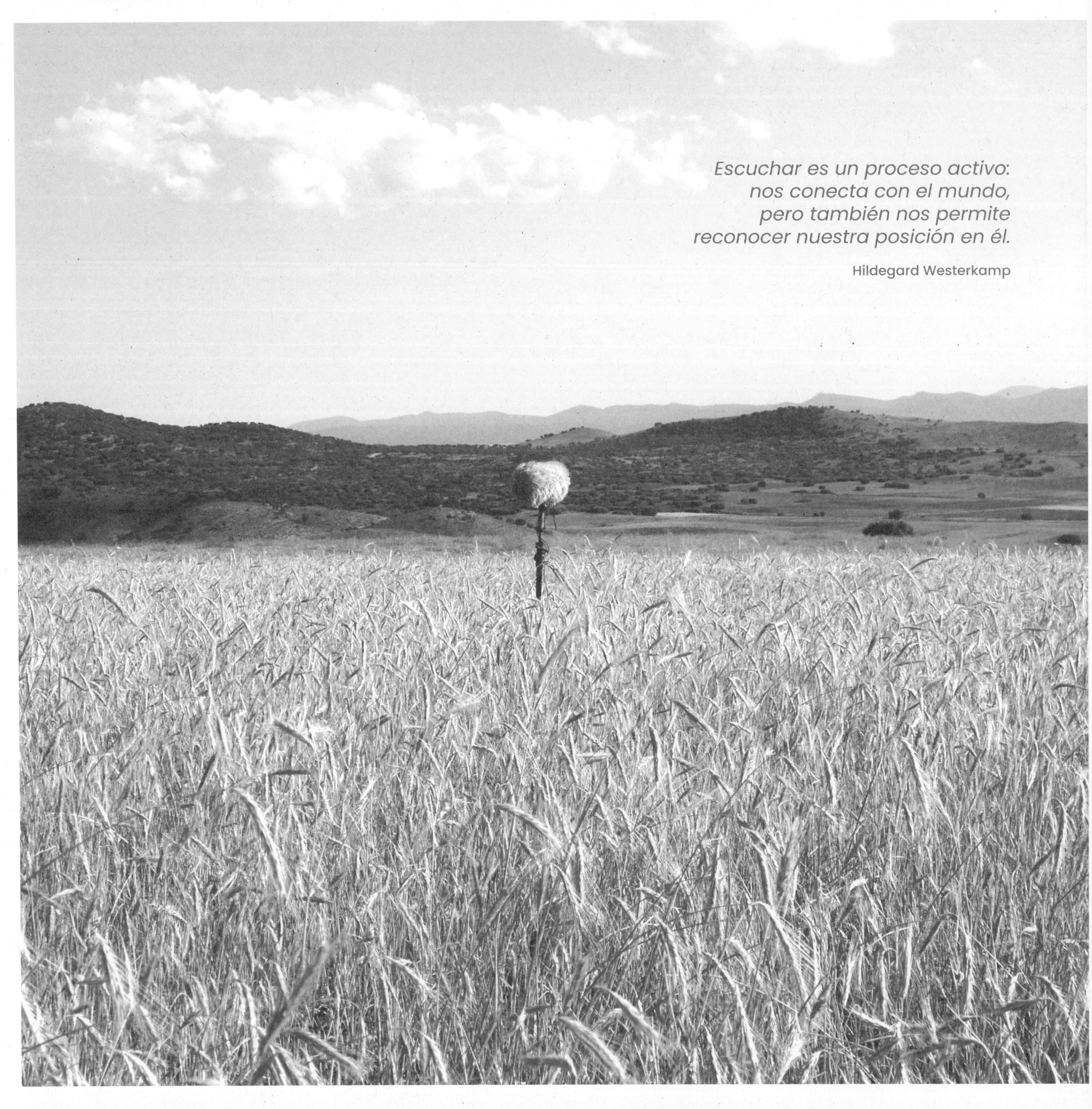

*Escuchar es un proceso activo:
nos conecta con el mundo,
pero también nos permite
reconocer nuestra posición en él.*

Hildegard Westerkamp

ERIAL
EL SONIDO DE LO DESHABITADO

—

Gema Rupérez

Erial, páramo, yermo, estepa, barbecho o baldío. En Aragón esta colección de sinónimos nos resulta profundamente familiar. Al hablar con Edu Comelles sobre su trabajo, por alguna extraña razón, lo primero que me vino a la mente —como si al contarme su proyecto surgiera una conexión inevitable y activara el botón de *play*— fue Labordeta. Sus canciones son el himno de la estepa aragonesa y, aunque esta exposición nada tenga que ver con el cantautor y claramente trascienda el territorio aragonés, gran parte del trabajo de campo se ha realizado aquí, dando forma a esas pulsiones que nos unen profundamente con el paisaje y su idiosincrasia. Un paisaje que ha sido motivo de inspiración tanto en la cultura popular como, en este caso, vehículo para el arte contemporáneo.

Un erial es, por definición, una extensión de tierra no cultivada, un espacio que desde una perspectiva antropocéntrica se asocia con el abandono, la falta de uso o la esterilidad. Sin embargo, esta percepción no puede estar más lejos de la realidad. El erial no es un vacío inerte, sino un ecosistema pleno, complejo y vibrante, aunque carente de la presencia humana. Edu Comelles, en su exposición *Erial*, toma este espacio simbólico y lo convierte en un escenario donde los ecosistemas naturales y los elementos introducidos por la mano del hombre se entremezclan en un paisaje sonoro generativo en constante cambio.

A través de grabaciones de campo, Comelles nos sumerge en los sonidos de los biomas que dominan la península ibérica, como la estepa y la dehesa, donde la aparente inmovilidad es un espejismo. En estos paisajes deshabitados, la naturaleza persiste y los ecosistemas prosperan, aunque a veces invisibles para el ojo humano. *Erial* nos invita a escuchar esos detalles ocultos, a percibir lo que habitualmente pasamos por alto.

Pero hay más en este "territorio deshabitado". Aerogeneradores y placas fotovoltaicas, símbolos de progreso energético, se alzan en determinados lugares como testigos silenciosos de una explotación que redefine lo que entendemos por "natural" y "deshabitado". Comelles no elude estas contradicciones; al contrario, las introduce en la composición sonora como parte del paisaje. Aquí reside una ambivalencia digna de ser escuchada: por un lado, la tecnología interviene y transforma el espacio; por otro, la naturaleza resiste, adaptándose y persistiendo. Esta coexistencia nos recuerda la noción del "jardín en movimiento" de Gilles Clément[1], donde lo que a menudo se percibe como inerte o deshabitado es en realidad un ecosistema en constante cambio, adaptándose a nuevas circunstancias.

UN ENCUENTRO ENTRE PAISAJES SONOROS Y VACÍOS COMPARTIDOS

Cuando Comelles me contactó por primera vez, sentí que ya había puntos en común entre nuestras prácticas, incluso antes de intercambiar ideas. Él ya conocía mi obra, especialmente la exposición *Líneas de resistencia*[2], donde abordé conceptos similares desde otra perspectiva.

En aquel proyecto tomé como referencia el *Meridiano de Greenwich*, la línea imaginaria más conocida del mundo, que dota de un sentido universal del tiempo a gran parte de la humanidad y quizás sea uno de los ejes que mayor intersubjetividad ha otorgado a la civilización. Su paso por Huesca y el contexto demográfico de la provincia fueron el punto de partida de una investigación sobre líneas imaginarias, puntos y vacíos. Fue una aproximación artística a los desiertos demográficos, donde el vacío cobró valor como elemento creativo. También fue una oportunidad para replantear estas líneas imaginarias como constructos contingentes, que se contrastan con la naturaleza primitiva y provocan un diálogo sobre la dimensión humana del territorio, los espacios intersubjetivos y las fronteras.

—

1. Clement, Gilles. *El jardín en movimiento*. Gustavo Gili, 2007.
2. *Líneas de resistencia*. Gema Rupérez. Sala de exposiciones de la Diputación Provincial de Huesca, 2019. Ayudas a la creación Ramón Acín.

En síntesis, en este proyecto exploré la activación de territorios baldíos y la experiencia performativa del paisaje deshabitado, con un enfoque en tres temas fundamentales que dialogan estrechamente con la propuesta sonora y conceptual de Comelles: geografía, tiempo e identidad.

Para ambos, el paisaje árido y desolado va más allá de un mero escenario; se transforma en un espacio de reflexión donde vacío, silencio y sonido revelan nuevas narrativas en lo que aparenta estar abandonado.

Me gusta pensar que nuestras obras encuentran en estos paisajes una forma de resistencia creativa, una invitación a habitar lo inhóspito y a escuchar lo que se queda relegado a los márgenes del ruido cotidiano.

EL ARTE DE LOS RUIDOS Y LOS PAISAJES SONOROS

El planteamiento de *Erial* encuentra raíces profundas en la historia del arte sonoro, particularmente en el manifiesto futurista de Luigi Russolo, *L'arte dei rumori* (1913), en el cual se reivindica la incorporación de los sonidos de la vida moderna en el arte musical. Al igual que Russolo, Comelles integra en su obra no solo los sonidos naturales, sino también los ruidos generados por la actividad humana, como los zumbidos de los aerogeneradores y el crujido de las placas solares, que se convierten en parte del entramado sonoro.

Este enfoque conecta también con las ideas de R. Murray Schafer que introdujo en 1969 el concepto de paisaje sonoro, donde el entorno acústico que nos rodea es tan significativo como el visual. Y a partir de esta perspectiva, el ecólogo acústico Bernie Krause define el paisaje sonoro como una composición de tres elementos fundamentales: la geofonía, o los sonidos no biológicos que se producen en un hábitat, como el viento en los árboles, el agua en una corriente o el movimiento de la Tierra; la biofonía, que recoge todos los sonidos generados por los organismos de un lugar específico; y la antrofonía, el conjunto de sonidos producidos por el ser humano, desde la música hasta el ruido caótico e incoherente de la actividad humana en el entorno. En *Erial*, Comelles reúne y hace dialogar estas tres fuentes sonoras, integrando sus características y contrastes en una composición única.

Aquí, el paisaje sonoro no es una simple reproducción de la realidad, sino una composición generativa que evoluciona constantemente y nunca se repite de la misma manera. Así, Comelles evoca la experiencia de caminar por un espacio natural, donde los sonidos se mezclan, se funden y se desvanecen, imitando el dinamismo de la percepción humana del entorno.

ENTRE LO TÁCTIL Y LO ESCULTÓRICO

En el IAACC Pablo Serrano, *Erial* se despliega a lo largo de una sala alargada, donde altavoces integrados en estructuras modulares de madera y fieltro invitan a un recorrido pausado; para alcanzar el fondo, el visitante debe atravesar distintos espacios. La instalación se articula en torno a dos tipos de disposición: una marcada por la horizontalidad y otra por la verticalidad. Este planteamiento, intencionado y deliberado, no solo ordena el espacio, sino que recrea y sintetiza el paisaje.

Es interesante profundizar en la metodología y la estética de Comelles en relación con su práctica artística, en particular, en cómo logra fusionar la experiencia auditiva con la materialidad de la instalación. Su trabajo de campo y sus decisiones técnicas se encuentran impregnados de una meticulosa consideración por el entorno geográfico y sensorial, permitiendo que cada sonido y estructura contribuyan a una narrativa ambiental e inmersiva que invita al espectador a experimentar el paisaje sonoro desde lo corporal y espacial.

Por un lado, Comelles se aproxima al trabajo de campo de manera rigurosa y casi ritualística, con una preparación previa en la que identifica los lugares y paisajes que captarán distintos aspectos del entorno. Este proceso meticuloso de selección —en el que los lugares son elegidos por sus cualidades acústicas únicas y su capacidad para evocar distintas posibilidades perceptivas— contribuye a que el espectador perciba la obra como una reconstrucción del paisaje. Cada grabación[3] es etiquetada de forma detallada y sistemática, no solo para registrar la geografía específica, sino para preservar la autenticidad de las condiciones sonoras originales. De hecho, al renombrar y guardar cada archivo con etiquetas precisas como *Teruel_Alfambra_viento bajo*, permite al artista recordar perfectamente los sonidos y las imágenes de cada localización.

Una característica distintiva del enfoque de Comelles en la selección y montaje de los audios es su decisión de no modificar los sonidos grabados. Al integrarlos en un software de música generativa, crea una atmósfera sonora dinámica y continua, donde los archivos de larga duración (entre 10 y 40 minutos) se mezclan de manera aleatoria, con fundidos suaves y variaciones de volumen que simulan el ritmo irregular de la percepción humana del paisaje sonoro. Este proceso es crucial, pues evita que el espectador perciba las transiciones entre los audios, imitando el flujo natural y sin interrupciones de un paisaje auditivo real y continuo, tal como lo experimentamos al caminar. Así, el resultado final se convierte en una textura constante, una especie de tapiz sonoro que remite al paisaje en su estado más auténtico y, al mismo tiempo, amplifica su componente conceptual.

Por otro lado, cada material en el montaje instalativo responde a una lógica tanto sensorial como funcional. Manteniendo la madera, el fieltro y el sonido como piezas protagonistas, en la primera parte del espacio, las estructuras que combinan estos elementos funcionan también como áreas de descanso, en las que el espectador puede sentarse. La elección del fieltro, que actúa no solo como soporte sino también como una membrana aislante, establece una interacción sutil con el sonido: el material suaviza y modula las vibraciones, permitiendo que el espectador sienta el sonido a través de su propio cuerpo, manteniendo la integridad de cada frecuencia. Al fondo de la sala, la disposición cambia y las estructuras verticales, junto con altavoces de subgraves, intensifican la crudeza del sonido, agregando un dramatismo que subraya la fisicidad de la experiencia sonora y transforma el ambiente en una inmersión profunda.

En conjunto, el enfoque de Comelles en la creación de *Erial* no solo construye un espacio de escucha, sino que también configura un entorno interactivo y multisensorial, en el que los sonidos inaudibles y frecuencias electromagnéticas encuentran una forma tangible a través de la arquitectura y materialidad de la instalación.

AMBIVALENCIAS Y COLONIALISMO TERRITORIAL

La intervención humana en los paisajes que explora *Erial* genera una dicotomía que Comelles expresa tanto a nivel sonoro como conceptual. Por un lado, los aerogeneradores y las placas fotovoltaicas alteran el equilibrio natural de los entornos que ocupan. Sin embargo, también poseen una belleza propia: los aerogeneradores, con sus movimientos repetitivos y sus zumbidos, parecen danzar en el horizonte, mientras que las placas fotovoltaicas, rígidas pero reflejantes, capturan la luz de manera fascinante. Esta ambivalencia recuerda de nuevo lo que Gilles Clément describe como el *jardín en movimiento*, un espacio donde la naturaleza y la intervención humana coexisten en una dinámica constante de cambio y adaptación.

En este sentido, *Erial* no solo es un paisaje sonoro, sino también una reflexión política sobre la manera en que colonizamos y explotamos los territorios. Comelles crea una instalación que, a través del sonido, nos enfrenta a la ambigüedad de estos espacios, donde la tecnología y la naturaleza conviven en una coexistencia frágil, a veces en conflicto, a veces en armonía. Como señaló John Cage, "dondequiera que estemos, lo que oímos es en su mayor parte ruido. Cuando lo ignoramos, nos molesta. Cuando lo escuchamos, lo encontramos fascinante"[4]. Esta fascinación por el sonido es lo que impulsa la reflexión crítica en la obra de Comelles, y lo que convierte a *Erial* en un punto de encuentro entre lo estético, lo poético y lo político.

Este último concepto tiene resonancia en el trabajo de otros artistas, cuya relación con la obra de Comelles considero relevante destacar y que además he tenido la oportunidad de experimentar en directo. Quizá por ello me ha resultado tan sencillo reconocer las concomitancias entre sus trabajos.

En 2022 publiqué el artículo *El cómo frente al qué. Apuntes sobre documenta fifteen*[5] para la plataforma *we all culture*, en el que comentaba algunas obras de mi recorrido particular en la visita a la Documenta de Kassel. Una de las instalaciones que más me impactó fue la de la artista Nguyễn Trinh Thi, con su obra *Tale Told in the Year 2000* (2022), que explora el colonialismo territorial desde un enfoque cinematográfico. Nguyễn combina narrativas históricas, mitológicas y ecológicas para examinar cómo el paisaje y la identidad se configuran bajo el peso del poder humano. En *Tale Told in the Year 2000*, el paisaje que retrata, aunque profundamente marcado por el conflicto y la explotación, mantiene una belleza inquebrantable. Con una narración fragmentada, Nguyễn plasma cómo el territorio puede ser a la vez testigo y víctima de la historia humana. Ambos artistas, Nguyễn y Comelles, subrayan en sus prácticas la capacidad de la naturaleza de persistir, pese a la intervención humana.

De manera similar, Enrique Radigales, en su proyecto *SensoWifi*, expuesto en Etopia[6], plantea una crítica sutil al impacto de la tecnología sobre el paisaje natural. Radigales trabaja con la contradicción entre lo digital y lo físico, en una reflexión que está estrechamente vinculada a la instalación de Comelles. En *SensoWifi*, la intervención digital sobre el paisaje se percibe tanto como una herramienta de control como de invisibilización, pues la conectividad invisible (el wifi) se convierte en un nuevo tipo de colonización territorial, que transforma los espacios rurales y naturales en soportes de tecnología. En *Erial*, los sonidos generados por aerogeneradores y placas fotovoltaicas recuerdan esta intrusión de lo digital en el paisaje, pero en lugar de presentar la tecnología como invasiva o alienante, Comelles permite que se funda con la naturaleza, generando una relación ambigua entre ambos elementos.

A su vez, mientras Comelles nos invita a profundizar en la percepción de la naturaleza transformada, Shilpa Gupta —que expuso recientemente en la galería Tanya Bonakdar[7] de Nueva York— crea un espacio de empatía y memoria colectiva. En ambos artistas, el sonido no solo comunica, sino que permite al espectador enfrentarse sensorialmente a temas de territorio, identidad y poder. Tanto Comelles como Gupta comparten un interés común en cómo los paisajes y cuerpos, sean físicos o sociales, se ven afectados y transformados por fuerzas externas, como la tecnología, el poder o la intervención humana. A través del sonido y el espacio, logran situar al espectador de forma crítica y sensible ante su entorno.

---

3. Comelles realizó 74 grabaciones en el territorio, algunos de estos lugares en los que tomó registro son: Alfambra, Calamocha, Puerto de Rudilla, Gallur, Muel, Herrera de los Navarros, Pozuelo de Aragón, Aguilón, entre otros.
4. Cage, John. *El futuro de la música*: credo, Silencio, op. cit., p. 3
5. https://www.weallculture.com/03-gema-ruperez-el-como-frente-al-que
6. Exposición *El mundo es bosque*. https://etopia.es/evento/el-mundo-es-bosque/
7. https://www.tanyabonakdargallery.com/exhibitions/750-shilpa-gupta-tanya-bonakdar-gallery-new-york/

EL SONIDO COMO HERRAMIENTA CRÍTICA Y POÉTICA

A estas alturas del texto, ya entendemos que el sonido en *Erial* es más que un simple recurso estético; es una herramienta crítica para explorar el colonialismo territorial y las formas en que el ser humano impacta los paisajes que habita y explota.

Y en esta revisión de artistas que ponen el acento en el sonido —y en particular en su capacidad para transformar el espacio, como ocurre en esta exposición— considero esencial mencionar el trabajo de Susan Philipsz, especialmente su obra *Lowlands* (2010), donde la artista utiliza su propia voz para llenar el espacio de una forma sutil pero poderosa. En *Lowlands*, el sonido tiene el poder de cambiar por completo la experiencia del espacio, envolviendo al espectador en una atmósfera que invita a la reflexión sobre la memoria y la pérdida. Philipsz trabaja con la idea de presencia y ausencia, un concepto que se refleja en *Erial*, donde los sonidos de la naturaleza y de las máquinas coexisten en un territorio que, paradójicamente, está vacío de la presencia humana. En ambas obras, el sonido se convierte en un medio para evocar lo invisible: los ecos de la historia en Philipsz, y los ecos del paisaje en Comelles. Ambos artistas utilizan el sonido para transformar espacios aparentemente vacíos en lugares cargados de significado, donde el espectador es invitado no solo a escuchar, sino a sentir la historia y las tensiones que esos espacios contienen.

***Erial* es una obra que habla tanto de la presencia como de la ausencia. De lo que vemos y de lo que escuchamos. El sonido revela la vida oculta, el dinamismo de los ecosistemas y las cicatrices que dejan nuestras intervenciones tecnológicas. A través de la generatividad de su paisaje sonoro, Comelles nos recuerda que el erial no es un espacio muerto, sino un lugar lleno de vida, de posibilidades y de resonancias que aún debemos descubrir.**

La conexión de *Erial* con el trabajo de artistas como Nguyễn Trinh Thi, Enrique Radigales, Shilpa Gupta y Susan Philipsz refuerza su carácter profundamente reflexivo y su capacidad para plantear preguntas críticas sobre la relación entre el ser humano y el entorno que transforma. Como ellos, Comelles nos invita a reconsiderar los paisajes que habitamos, no solo desde una perspectiva visual, sino también a través de lo que escuchamos y, sobre todo, lo que no escuchamos habitualmente. El erial se convierte así en una metáfora de la resistencia y la transformación.

Erial, de Edu Comelles, es una obra de potente ambigüedad que combina una experiencia sensorial inmersiva con una reflexión crítica al paisaje deshabitado y a la intervención humana. En un mundo marcado por la explotación tecnológica y el cambio climático, *Erial* nos invita a reconsiderar nuestra relación con la naturaleza y a escuchar lo que hemos aprendido a ignorar. Como señala Estrella de Diego, "el espacio está, en suma, siempre asociado al poder y, por lo tanto, al control"[8]; sin embargo, el vacío es una ilusión. Lo que percibimos como vacío está lleno de posibilidades, historias y resistencias, esperando ser escuchadas.

---

8. De Diego, Estrella. *Contra el mapa.* Ediciones Siruela, 2008.

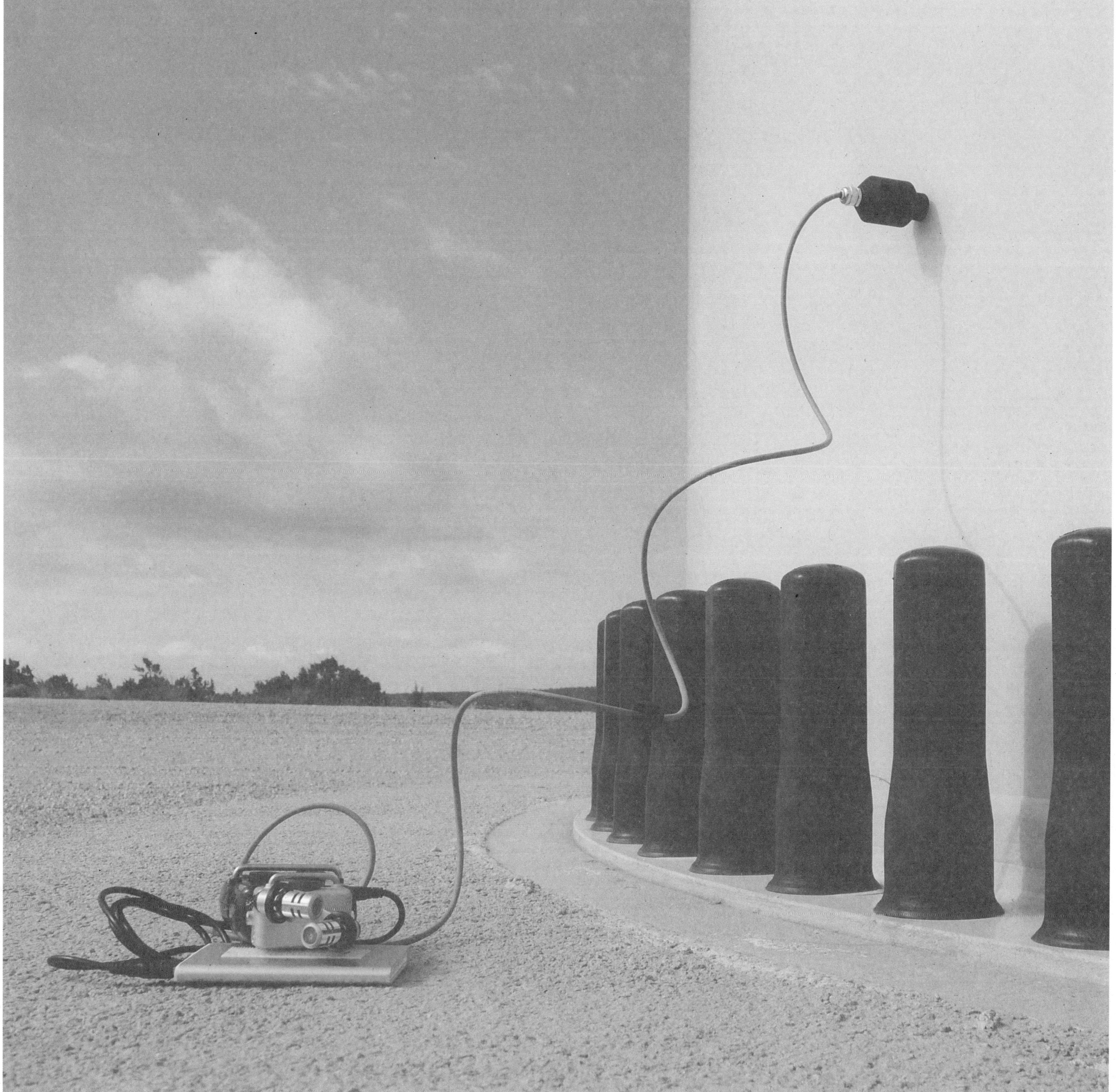

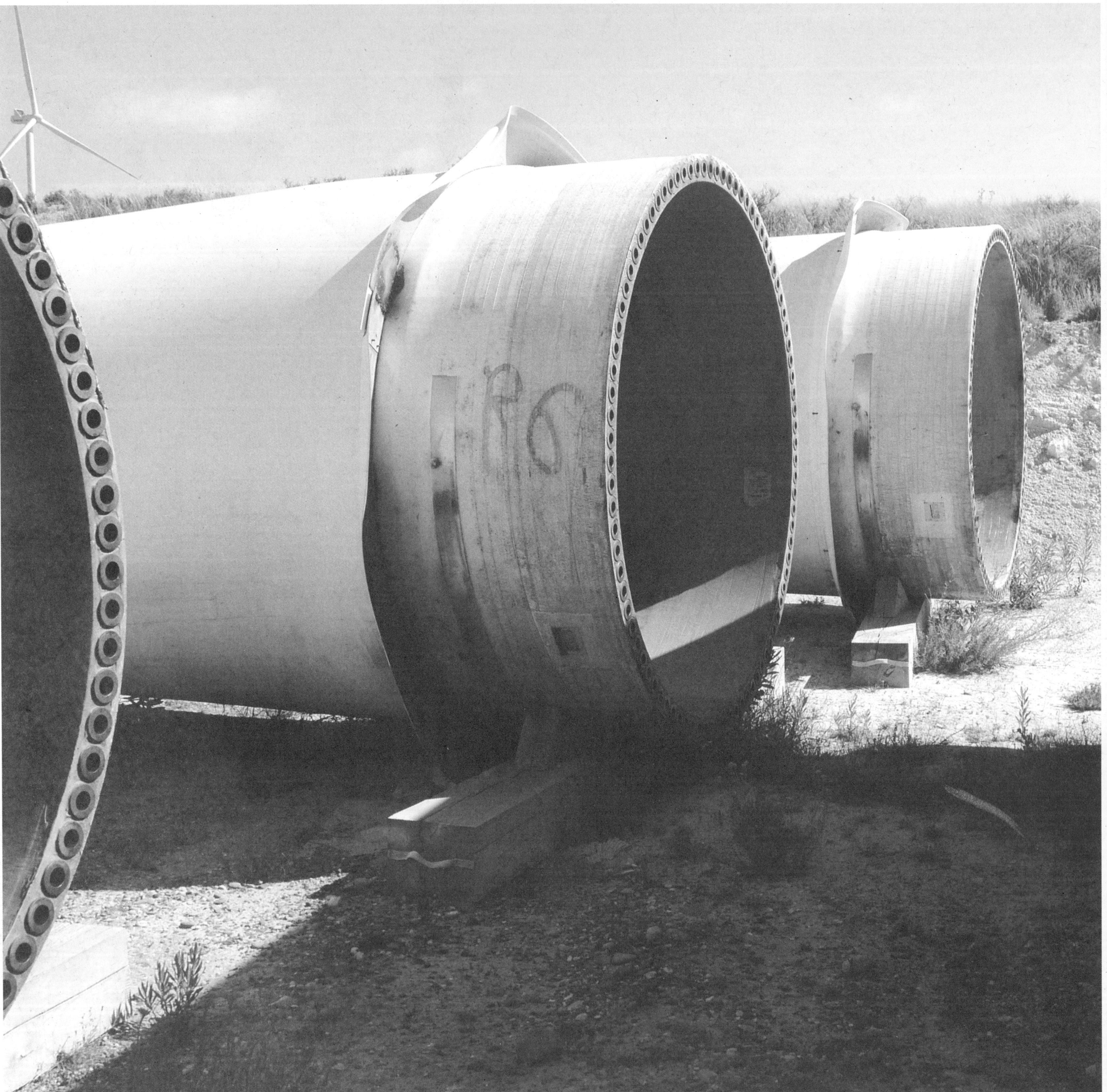

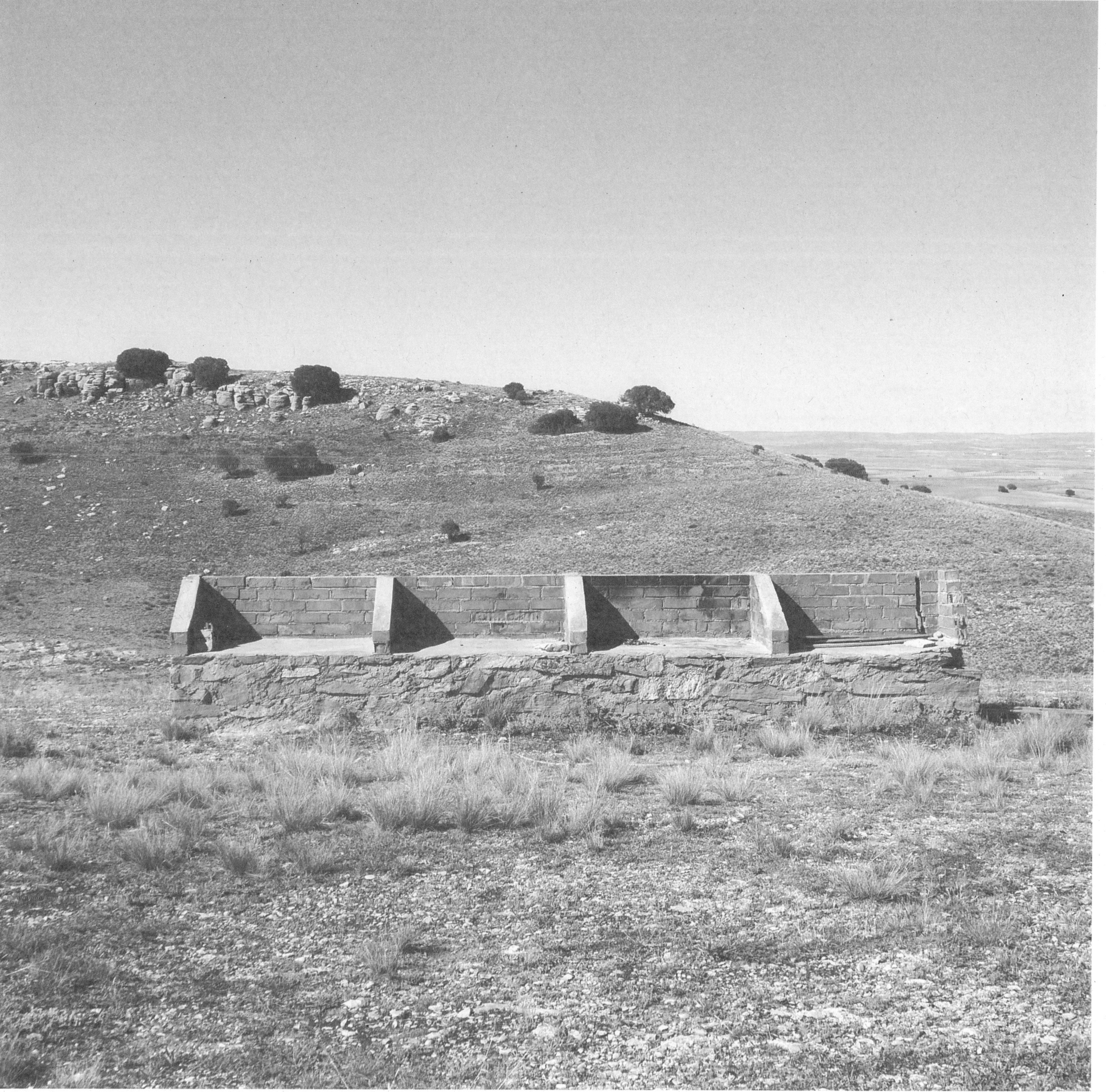

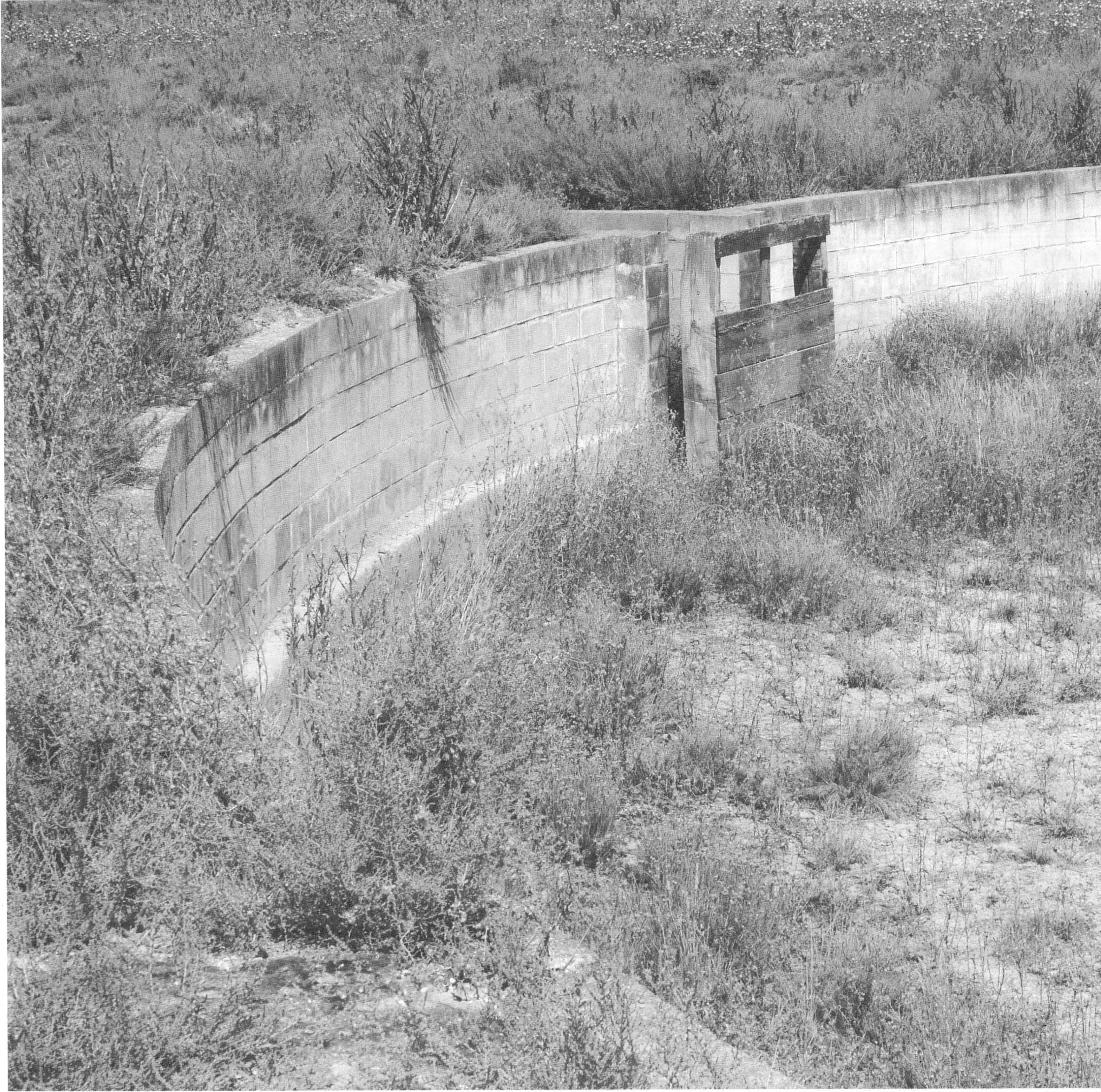

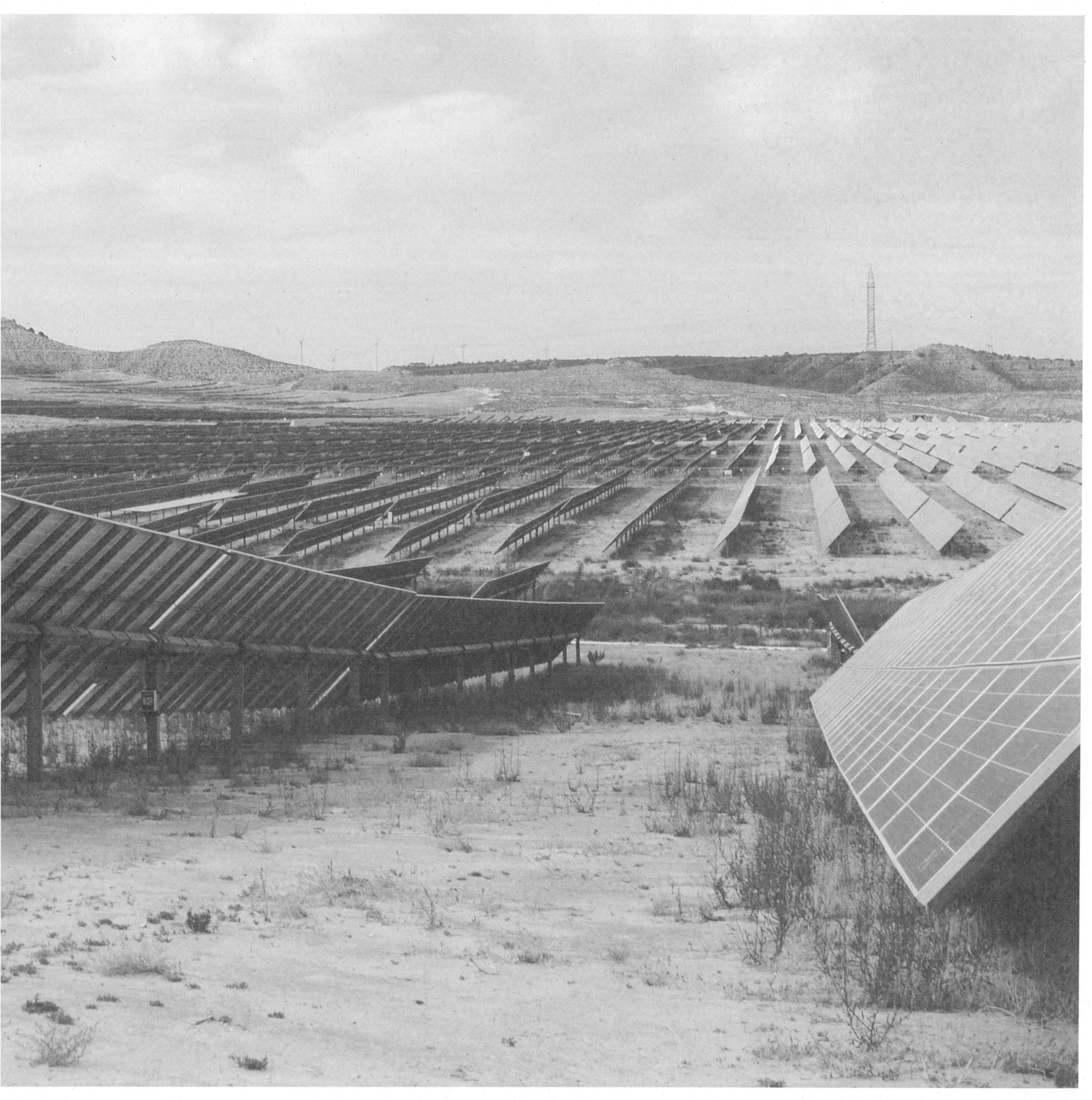

erial.

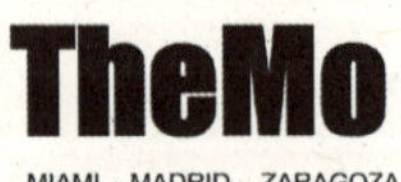

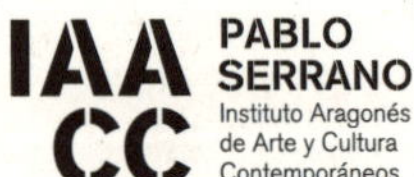

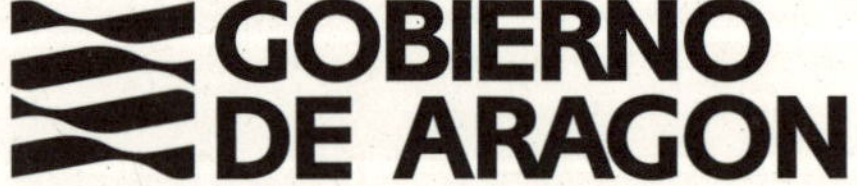

TheMo
MIAMI - MADRID - ZARAGOZA

IAACC
PABLO SERRANO
Instituto Aragonés de Arte y Cultura Contemporáneos

GOBIERNO DE ARAGON